संजीव कपूर

अचार और चटनी

(अल्योना कपूर के सहयोग से)

Popular Prakashan
www.popularprakashan.com

राजपाल

खाना खज़ाना पब्लिकेशन्स प्रा. लि. के लिए
पॉप्युलर प्रकाशन प्रा. लि. द्वारा प्रकाशित
पॉप्युलर प्रकाशन प्रा. लि.
301, महालक्ष्मी चेंबर्स
22, भुलाभाई देसाई रोड
मुंबई 400 026

प्रथम प्रकाशन 2012

ISBN: 978-93-5064-110-1

रूपरेखा: अंजली सावंत
छायाचित्रण: भरत भिरंगी
रेखांकन: ॐकार ग्राफिक्स
अनुवाद: अश्विनी पटवर्धन

मुद्रण
एच. टी. मीडिया लिमिटेड
बी-2, सैक्टर-63, नोएडा

सह-प्रकाशक
राजपाल एण्ड सन्ज़
कश्मीरी गेट, दिल्ली - 110006
website: www.rajpalpublishing.com
e-mail : mail@rajpalpublishing.com

लेखक की कलम से

अचार, चटनी, सॉसेस और डिप्स मुख्य आहार न होते हुए भी हमारे भोजन के महत्त्वपूर्ण पदार्थ हैं. ये हमारे भोजन में चार चाँद लगा देते हैं और साथ ही हमारी भूख भी बढ़ाते हैं.

भारतीय पाक शैली की एक अनूठी बात यह है कि इसमें सभी सब्जियों और फलों - केरी और नींबू से लेकर टमाटर, गाजर और मूली से स्वादिष्ट चटनी और अचार बनाए जाते हैं. यहाँ तक की हरी पत्तेदार सब्जियों जैसे पालक की भी चटनी बनाई जाती है.

'अचार' का नाम लेते ही हमारे मुँह में दादी और नानी के हाथ से बने चटपटे अचार का स्वाद घुलने लगता है. हमारी नज़रों के सामने चीनी मिट्टी के बड़े-बड़े मर्तबान और काँच की बरनियाँ घूमने लगती हैं.

'अचार' का अर्थ होता है 'संरक्षण'. सब्ज़ियों और फलों को नमक, मसाले और तेल के मिश्रण में रखा जाता है ताकि वो लंबे समय तक टिके रहें. गर्मी का मौसम अचार बनाने का सबसे बढ़िया समय होता है. इस समय घर-

घर में अचार बनाया जाता है. तीन-चार हफ्तों तक धूप में रखने के बाद वह खाने के लिए तैयार हो जाता है. फिर उस स्वादिष्ट अचार को हम खा सकते हैं.

अचार के मसाले में अम्लीय तत्वों के साथ-साथ विभिन्न प्रकार के मसाले होते हैं जो जीवाणुओं को उत्पन्न होने से रोकते हैं इसके अलावा इसमें तेल व नमक भी होता है जो परिरक्षक का काम करता है. जब तक अचार नमी या पानी के संपर्क में नहीं आता है तब तक वो ताज़ा बना रहता है. बाज़ार में मिलने वाले अचारों में परिरक्षक के रूप में सीट्रिक एसिड और सोडियम बेन्ज़ोएट का इस्तेमाल किया जाता है.

अचार को चीनी मिट्टी या कांच के हवाबंद ज़ार या बरनियों में भरकर रखा जाता है. जार या बोतलों को जीवाणुहीन बनाने के लिए उन्हें उबाले हुए पानी से धोया जाता है और फिर धूप में सुखाया जाता है. या फिर इसे पंद्रह से बीस मिनट तक मध्यम आँच पर पानी में उबाला जाता है और फिर निकाल कर सूखने के लिए रख दिया जाता है. सूखने के बाद इसका इस्तेमाल किया जाता है.

'चटनी' मूल रूप से भारत की ही है और यहीं से वो पश्चिमी देशों में गई है. ब्रिटिश लोग भारत से जाते समय कई भारतीय व्यंजन जैसे चटनी, करी आदि अपने साथ इंग्लैंड ले गए. चटनी मुख्य रूप से तुरंत खाने के लिए बनाई जाती है. इसमें किसी भी प्रकार के परिरक्षक का इस्तेमाल नहीं किया जाता है. परंतु जब लंबे समय तक चटनी का इस्तेमाल करना होता है तब इसमें सिरका या सीट्रिक एसिड मिलाया जाता है. चटनी सूखी और गीली, गाढ़ी और पतली या चिकनी होती है. सूखी चटनी दरदरी या चिकनी पाउडर के रूप में होती है. कभी यह पकाकर तैयार की जाती है और कभी बस सामग्रियों को पीसकर बनायी जाती है. सामान्यत: चटनी बहुत तीखी होती है. परंतु मीठी और खट्टी चटनियाँ भी बनाई जाती हैं.

'सॉस' पतला और गाढ़ा दोनों तरह का होता है. इनका इस्तेमाल दूसरे व्यंजनों को बनाने में किया जाता है. सॉस व्यंजन को अधिक स्वादिष्ट और आकर्षक बनाता है. 'सॉस' एक फ्रेंच शब्द है, इसका उद्‌भव लेटिन के 'साल्सस' शब्द से हुआ है जिसका अर्थ है 'नमकीन' (सॉल्टेड). फ्रेंच पाकशैली में मध्ययुग से सॉस का प्रचलन देखा जा सकता है. फ्रेंच खाद्य संस्कृति में हज़ारों तरह के सॉसेस हैं.

डिप या डिपिंग सॉस का शाब्दिक अर्थ होता है, एक ऐसा मसाला जिसमें पदार्थों को डुबोकर खाया जाता है. डिप्स मुख्यत: फिंगर फ़ूड जैसे पीटा ब्रेड, डंपलिंग्स, गाजर, मूली, ककड़ी के लंबे-पतले टुकड़ों, मटन या समुद्री व्यंजनों के तले हुए टुकड़ों, आलू या टॉर्टिल चिप्स और ऐसे व्यंजन जिन्हें हम आसानी से हाथ में पकड़ सकते हैं, के साथ खाये जाते हैं. इस किताब में विभिन्न पाकविधियाँ हैं जो अपने अनोखे स्वाद से आप सबको लुभाएंगी.

इसमें तीखी और मीठी चटनियाँ जैसे दाल तुवयल, टमाटर चटनी, अंजीर और खजूर की चटनी, स्वीट मैंगो चटनी और आलूबुखारे की चटनी है. मुँह में पानी लाने वाले अचार जैसे गुंदा केरी, मेथांबा, केरी की लौंजी और गोअन चिली पिकल है. स्वीट चिली सॉस, शेज़वान सॉस और ब्लैक बीन सॉस के अलावा कई डिप्स जैसे मेल्टिंग चीज़ डिप, थाउज़ण्ड आयलैंड डिप और साल्सा फ्रेस्का भी है!

हेप्पी कुकिंग!

विषय-सूची

अचार

चटनी

सॉसेस

डिप्स

तीखा नींबू अचार

सामग्री

6 बड़े नींबू, बीज निकालकर चार टुकड़े किये हुए
$^1/_4$ कप नमक
$^1/_2$ कप शक्कर
2 इंच अदरक, कुचला हुआ
8 हरी मिर्चें, कटी हुई
2-3 बड़े चम्मच लाल मिर्च पाउडर
1 बड़ा चम्मच भूनी हुई राई
1 छोटा चम्मच भूना हुआ मेथी दाना
2 चक्री फूल, भूने हुए

विधि

1. एक बड़े बाउल में नींबू के टुकड़े लेकर उस पर नमक छिड़कें. ढककर एक दिन तक इसे ऐसे ही रहने दें. दूसरे दिन नींबू के निकले हुए रस में नींबू के टुकड़ों को अच्छी तरह मिला लें.
2. नींबू के चार टुकड़ों का रस एक छोटे पैन में लें. उसमें शक्कर, अदरक और तीन बड़े चम्मच पानी डालें और एक उबाल लाएं फिर धीमी आंच पर लगातार चलाते हुए शक्कर पूरी तरह घुलने तक पकाएं. फिर हरी मिर्च और लाल मिर्च पाउडर डालें और एक मिनट तक पकाएं. उसे अलग रखकर ठंडा होने दें.
3. अब इसमें राई, मेथी दाना और चक्री फूल डालकर अच्छी तरह मिलाएं. नींबू के बचे हुए टुकड़ों को काँच की बरनी में भरें. उन पर तैयार मिश्रण इस प्रकार डालें की नींबू के टुकड़े पूरी तरह से ढक जाएं. नींबू के टुकड़ों को नीचे की तरफ दबाएं ताकि वे पूरी तरह से मिश्रण में डूब जाएं. बरनी को अच्छी तरह से बंद करके पच्चीस से अठाईस दिन तक अचार तैयार होने के लिए रख दें.

बैंगन का अचार

सामग्री

1 बड़ा बैंगन, ½ इंच के टुकड़े किये हुए
3 बड़े चम्मच समुद्री नमक
1 बड़ा चम्मच राई
2 दो-इंच के ताज़ा अदरक के टुकड़े, छीलकर काटे हुए
12 लहसुन की कलियाँ, छीलकर काटी हुई
2 कप सिरका
2 कप सरसों का तेल
1 बड़ा चम्मच हल्दी
2 बड़े चम्मच नमक
1 कप शक्कर
25 हरी मिर्चें, ½ इंच के टुकड़े किये हुए

विधि

1. बैंगन के टुकड़ों में समुद्री नमक मिलाकर उन्हें चार घंटे के लिए अलग रख दें.
2. राई, अदरक और लहसुन में दो बड़े चम्मच सिरका मिलाकर उसे मिक्सी में पीस लें.
3. पैन में सरसों का तेल गरम कर के उसमें पीसे हुए मिश्रण को मध्यम आंच पर भूनें.
4. हल्दी, बचा हुआ सिरका, नमक, शक्कर और हरी मिर्च डालें. बैंगन को निचोड़कर अतिरिक्त पानी निकाल दें और बैंगन को इस मिश्रण में डालें.
5. मिश्रण सूख जाए और तेल ऊपरी सतह पर लगे तब तक पकाएं. ठंडा कर बोतल में भरें.

मिक्स्ड वेजिटेबल पिकल

सामग्री

500 ग्राम गाजर, $1\frac{1}{2}$ इंच के टुकड़े किये हुए
500 ग्राम फूलगोभी, मध्यम आकार के फूल अलग किये हुए
500 ग्राम शलजम, $1\frac{1}{2}$ इंच के टुकड़े किये हुए
12 बड़े चम्मच सरसों का तेल
6 बड़े चम्मच अदरक का दरदरा पेस्ट
6 बड़े चम्मच लहसुन की दरदरी पेस्ट
$1\frac{1}{2}$ बड़े चम्मच राई, पाउडर की हुई
$1\frac{1}{2}$ बड़े चम्मच लाल मिर्च पाउडर
$\frac{1}{2}$ बड़ा चम्मच गरम मसाला पाउडर
$\frac{1}{2}$ बड़ा चम्मच काली मिर्चें, दरदरी पीसी हुई
$\frac{3}{4}$ कप गुड़, कद्दूकस किया हुआ
1 बड़ा चम्मच नमक
$1\frac{1}{2}$ बड़े चम्मच सिरका

विधि

1. कड़ाही में तेल गर्म करें. अदरक और लहसुन डालकर हल्का सुनहरा होने तक भूनें.
2. राई पाउडर, लाल मिर्च पाउडर, गरम मसाला और काली मिर्च का पाउडर डालें और कुछ सेकंड तक भूनें.
3. गुड़ और नमक डालकर अच्छी तरह मिलाएं. सब्जियाँ डालें और तीन से चार मिनट तक पकाएं.
4. आंच से उतार लें और पूरी तरह ठंडा होने दें. सिरका डालकर अच्छी तरह मिलाएं. साफ बोतल में भरकर रखें.

गोर केरी

सामग्री

1 किलोग्राम केरी, छीलकर ½ इंच के टुकड़े किये हुए
6 छोटे चम्मच नमक
1 छोटा चम्मच हल्दी
1 किलोग्राम कद्दूकस किया हुआ गुड़
200 ग्राम अचार का मसाला
1 बड़ा चम्मच सौंफ

अचार मसाला
100 ग्राम राई की दाल, हल्की भूनी हुई
100 ग्राम मेथी दाना, हल्का भूना हुआ
100 ग्राम धनिया दाल, हल्की भूनी हुई
300 ग्राम लाल मिर्च पाउडर
½ छोटा चम्मच हल्दी
1 छोटा चम्मच हींग
¼ कप तेल, धुआँ उठने तक गरम करके ठंडा किया हुआ

विधि

1. अचार का मसाला बनाने के लिए राई दाल, मेथी दाना, धनिया दाल, लाल मिर्च पाउडर, हल्दी और हींग को एक बड़े बाउल में मिलाएं. तेल डालें और फिर से मिलाएं. आप इसे हवाबंद डिब्बे में रखकर आवश्यकतानुसार इस्तेमाल कर सकते हैं.

2. एक बड़े काँच के बाउल में केरी के टुकड़े लेकर उसमें नमक और एक छोटा चम्मच हल्दी डालें और अच्छी तरह मिलाएं. ढककर पाँच से छह घंटे के लिए एक तरफ रख दें. इस तरह रखने से केरी के टुकड़े पानी छोड़ेंगे.
3. केरी के टुकड़ों को निथारकर एक बड़ी प्लेट में फैलाएं और धूप में छह घंटे सुखा लें.
4. सूखे हुए केरी के टुकड़ों को काँच के एक बड़े बाउल में लें. उसमें गुड़, अचार मसाला और सौंफ डालकर अच्छी तरह मिला लें. ढककर छह से आठ दिन या गुड़ पूरी तरह पिघलने तक अलग रख दें. इसे दिन में कम से कम दो बार हिलाएं. हवाबंद काँच की बरनी में या चीनी मिट्टी के मर्तबान में भरकर रखें.

शेफ का सुझाव

'गोर केरी' का शाब्दिक अर्थ है 'गुड़ केरी'. केरी को बहुत सारे गुड़ में भिगोकर यह पारंपरिक गुजराती अचार बनाया जाता है. केरी शरीर की अम्लता को कम करती है. इसे खाने से शरीर की गर्मी कम होती है और यह पाचन शक्ति बढ़ाने में भी मदद करती है.

नींबू का अचार 1

सामग्री

1 किलोग्राम नींबू
5 बड़े चम्मच नमक
5 बड़े चम्मच काला नमक
3 बड़े चम्मच लाल मिर्च पाउडर
3 बड़े चम्मच गरम मसाला पाउडर
5 बड़े चम्मच अजवाइन
2 कप शक्कर

विधि

1. नींबू को धोएं और पोंछकर अच्छी तरह सुखा लें. नींबू में लंबाई में गहरे चीरे लगाएं पर उसे पूरा काटे नहीं.
2. एक बाउल में नींबू लें. इसमें नमक, काला नमक, लाल मिर्च पाउडर, गरम मसाला पाउडर और अजवाइन डालें. अच्छी तरह मिलाएं ताकि नींबू पर यह मिश्रण समान रूप से चिपक जाए. शक्कर डालकर अच्छी तरह मिलाएं. शक्कर का वजन नींबू के वजन से लगभग आधा होना चाहिए.
3. तैयार मिश्रण को चीनी मिट्टी के मर्तबान में रखें और उसके मुँह पर मलमल का कपड़ा रखकर उसे डोरी से कसकर बांधें. मर्तबान को पच्चीस से तीस दिन तक धूप में रखें ताकि अचार पूरी तरह तैयार हो जाए.

टिप्पणी: गरम मसाला पाउडर में धनिया नहीं होना चाहिए.

केरी की लौंजी

सामग्री

1 किलोग्राम केरी
3 बड़े चम्मच सरसों का तेल
3/4 छोटा चम्मच मेथी दाना
4 छोटे चम्मच सौंफ
1/2 छोटा चम्मच कलौंजी
1 छोटा चम्मच धनिया पाउडर
1 छोटा चम्मच लाल मिर्च पाउडर
1/2 छोटा चम्मच हल्दी
नमक स्वादानुसार
1 1/4 कप कद्दूकस किया हुआ गुड़

विधि

1. केरियाँ छीलें और उनके लंबाई में चार टुकड़े करें. गुठली निकाल दें.
2. कड़ाही में तेल को धुआँ उठने तक गरम करें. तेल गरम होने पर आंच मध्यम करके उसमें मेथी दाना डालें और उसका रंग बदलने तक भूनें.
3. अब उसमें सौंफ, कलौंजी, धनिया पाउडर, लाल मिर्च पाउडर, हल्दी और नमक डालकर मिलाएं.
4. केरी के टुकड़े डालकर पाँच मिनट तक पकाएं. गुड़ और आधा कप पानी डालें. एक उबाल लाएं उबाल आने पर ढक दें और धीमी आंच पर बीच-बीच में हिलाते हुए सात से आठ मिनट तक पकाएं.
5. आंच से उतार लें और ठंडा होने दें. साफ जार या बोतल में भरकर रखें.

गोअन चिली पिकल

सामग्री

500 ग्राम कम तीखी हरी मिर्चें
$^{1}/_{2}$ कप नमक
8-10 सूखी लाल रेशमपट्टी मिर्चें
1 कप सिरका
200 ग्राम लहसुन, छीलकर काटी हुई
200 ग्राम ताज़ा अदरक, छीलकर काटा हुआ
$^{1}/_{2}$ कप इमली का पल्प (पृष्ठ क्र. 42)
1 कप तिल का तेल
$^{3}/_{4}$ कप शक्कर
1 छोटा चम्मच मेथी दाना, पीसा हुआ

विधि

1. मिक्सी में हरी मिर्च और थोड़ा नमक को पीस लें. लाल मिर्च सिरके में भिगोएं.
2. लहसुन और अदरक को पीस लें. लाल मिर्चों को सिरके व इमली के पल्प के साथ पीस लें.
3. एक पैन में तेल को धुआँ उठने तक गरम करें. थोड़ा ठंडा होने पर उसमें लहसुन, अदरक और हरी मिर्च डालकर तेज आंच पर चार से पाँच मिनट तक भूनें.
4. लाल मिर्च पेस्ट डालें और लगातार चलाते हुए चार से पाँच मिनट तक पकाएं. शक्कर और बचा हुआ नमक डालकर अच्छी तरह मिला लें. मेथी दाने का पाउडर डालकर और थोड़ी देर तक पकाएं. साफ बोतल में भरें और ठंडा होने दें. फ्रिज में रखें.

मेथांबा (केरी और मेथी दाने का अचार)

सामग्री

3-4 मध्यम आकार की केरियाँ
1 छोटा चम्मच मेथी दाना
नमक स्वादानुसार
6-8 लौंग
2 एक-इंच के दालचीनी के टुकड़े
1 कप तेल
1 छोटा चम्मच राई
$^1/_4$ छोटा चम्मच हींग
5-6 सूखी लाल मिर्चें, डंठल निकाले हुए
$2^1/_4$ कप गुड़, कद्दूकस किया हुआ

विधि

1. केरियों को धोएं और फिर पोंछकर सुखा लें. छीलकर उनके दो टुकड़े कर लें. गुठली निकाल दें और केरी के एक इंच के छोटे-छोटे टुकड़े कर लें. टुकड़ों पर नमक रगड़कर उन्हें चौबीस घंटों तक ऐसे ही रहने दें. उसके बाद केरियों को फिर से धोएं और पोंछकर अच्छी तरह सुखा लें.
2. लौंग और दालचीनी को पीसकर दरदरा पाउडर बना लें. एक पैन में तेल गरम करें. उसमें राई डालें. राई तड़कने पर उसमें हींग, मेथी दाना और सूखी लाल मिर्च डालें. थोड़ी देर भूनें. अब केरी के टुकड़े और गुड़ डालें.
3. मध्यम आंच पर पाँच से छह मिनट तक या गुड़ पिघलकर केरी के टुकड़ों पर लिपट जाने तक पकाएं.
4. आंच से उतार कर लौंग और दालचीनी का दरदरा पाउडर डालें और अच्छी तरह से मिलाएं. हवाबंद बोतल में भरकर रखें.

इलमचा उरगा (नींबू का अचार)

सामग्री

10 नींबू
2 बड़े चम्मच सिरका
$1\frac{1}{2}$ बड़े चम्मच नमक
$3\frac{1}{2}$ बड़े चम्मच शक्कर
4 लहसुन की कलियाँ
1 इंच अदरक
225 ग्राम खजूर, बीज निकालकर मोटे काटे हुए
4 बड़े चम्मच तेल
1 छोटा चम्मच जीरा
2 छोटे चम्मच राई
2 बड़े चम्मच लाल मिर्च पाउडर

विधि

1. नींबू को धोएं और पोंछकर सुखा लें. चार टुकड़े करें और बीज निकाल दें. एक पैन में नींबू के टुकड़े, सिरका, नमक और शक्कर लें. पैन ढककर धीमी आंच पर नींबू के टुकड़े नरम होने तक पकाएं. नींबू के टुकड़ों को निकाल लें और तरल मिश्रण को अलग रख दें. लहसुन और अदरक को खजूर के साथ पीस लें.
2. पैन में तेल गरम करें और उसमें जीरा और राई डालकर भूनें. आंच से उतार कर इसमें तरल मिश्रण मिलाएं. लाल मिर्च पाउडर डालें और फिर से आंच पर रखकर एक मिनट तक पकाएं.
3. पैन में खजूर-अदरक-लहसुन का मिश्रण और पाव कप पानी डालकर धीरे-धीरे मिलाएं. नींबू के टुकड़े डालकर कुछ मिनट तक उबालें. आंच से उतारकर थोड़ा ठंडा होने दें. थोड़ा गरम रहते ही मर्तबान में भरकर रखें.

अ
चा
र

नींबू का अचार 2

सामग्री

15-18 मध्यम आकार के नींबू
4 एक इंच के अदरक के टुकड़े, बारीक कटे हुए
10-12 हरी मिर्चें, $1/2$ इंच के टुकड़े किये हुए
1 छोटा चम्मच मेथी दाना
$1/2$ छोटा चम्मच हींग पाउडर
6 बड़े चम्मच तिल का तेल
1 छोटा चम्मच राई
$1/4$ छोटा चम्मच हल्दी
नमक स्वादानुसार

विधि

1. नींबू को धोकर गरम पानी में आधे घंटे तक भिगोकर रखें. निकालकर पोंछे और सुखा लें. नींबू के दो टुकड़े करें. बीज निकाल दें और प्रत्येक टुकड़े के चार से पाँच छोटे टुकड़े करें. मेथी दाने को सूखा भून लें. ठंडा कर दरदरा पीसें और उसे हींग पाउडर में मिलाएं.
2. पैन में तेल गरम करें. राई डालें और तड़कने दें. अदरक और हरी मिर्च डालकर दो मिनट तक भून लें. नींबू, हल्दी और नमक डालें. आंच कम करें और बीच-बीच में हिलाते हुए दस मिनट तक पकाएं.
3. उस पर मेथी दाना और हींग पाउडर छिड़कें. अच्छी तरह से मिलाएं और आंच से उतार लें.
4. ठंडा करें और साफ बोतल में भरकर फ्रिज में रख दें.

आँवले का अचार

सामग्री

500 ग्राम आँवले
$1\frac{1}{2}$ कप समुद्री नमक
1 छोटा चम्मच हल्दी
275 मि.ली. तिल का तेल
1 छोटा चम्मच हींग
$1\frac{1}{2}$ कप लाल मिर्च पाउडर
3 बड़े चम्मच राई का पाउडर

विधि

1. आँवलों की पतली फाँके कर लें. इसमें एक कप नमक और आधा छोटा चम्मच हल्दी मिलाएं. अच्छी तरह से हिलाएं और काँच की बोतल में भरकर, ढक्कन लगाकर दो से तीन दिन तक अलग रख दें. दिन में दो-तीन बार बोतल को अच्छी तरह से हिलाएं. पर इसे कड़छी या हाथ से न हिलाएं.
2. तेल को धुआँ उठने तक गरम करें और फिर थोड़ा ठंडा होने दें. हींग डालकर अच्छी तरह मिलाएं. तेल को थोड़ा और ठंडा होने के लिए अलग रख दें. बचे हुए समुद्री नमक को एक बाउल में चूरें.
3. इसमें लाल मिर्च पाउडर, बची हुई हल्दी और राई का पाउडर डालकर अच्छी तरह से मिलाएं. अब इसमें बोतल में से आँवले और उसका रस डालें. अच्छी तरह से मिलाएं.
4. आँवले के इस मिश्रण में ठंडा किया हुआ तेल डालें. इस तैयार अचार को काँच की बरनी में या चीनी मिट्टी के मर्तबान में भरकर अच्छी तरह बंद कर दें. तीन या चार दिन बाद यह अचार खाने के लिए तैयार हो जाएगा. यह अचार तीन से चार महीने तक टिकता है.

आम का अचार

सामग्री

500 ग्राम केरी
$2\frac{1}{2}$ बड़े चम्मच सौंफ
1 बड़ा चम्मच मेथी दाना
2 छोटे चम्मच कलौंजी
$2\frac{1}{2}$ छोटे चम्मच हल्दी
2 बड़े चम्मच लाल मिर्च पाउडर
2 छोटे चम्मच राई की दाल
$3\frac{1}{2}$ छोटे चम्मच नमक
$\frac{1}{4}$ कप काबुली चने
1 कप सरसों का तेल

विधि

1. केरियों को धोएं और पोंछकर सुखा लें. छीलकर, बीच में से काटकर दो टुकड़े कर लें. गुठली निकालकर इनके आधे इंच के टुकड़े कर लें. सौंफ और मेथी दाने को पीसकर उसका पाउडर बना लें.
2. एक बाउल में केरी के टुकड़े लेकर उसमें सौंफ और मेथी दाने का पाउडर, कलौंजी, हल्दी, लाल मिर्च पाउडर, राई की दाल, नमक और काबुली चने डालकर अच्छी तरह से मिलाएं.
3. पैन में सरसों का तेल धुआँ उठने तक गरम करें. आंच पर से उतार लें और पूरी तरह ठंडा होने दें. यह ठंडा तेल केरी के टुकड़ों के मिश्रण में डालकर अच्छी तरह मिला लें. अचार को ढककर तीन दिन तक रहने दें. चौथे दिन अचार को साफ बरनी में भर लें. बरनी के मुँह पर मलमल का कपड़ा रखकर उसे डोरी से बांध दें. बरनी को बारह से पंद्रह दिन तक धूप में रखें. दिन में एक बार अचार को ज़रूर हिलाएं.
4. अचार बारहवें दिन तैयार हो जाएगा. यदि इसे ठंडी और सूखी जगह पर रखा जाए तो यह अचार एक साल तक टिकता है.

गुंदा केरी

सामग्री

2 किलोग्राम गुंदा
1$^1/_2$ किलोग्राम केरी
1$^1/_2$ कप समुद्री नमक, पीसा हुआ
2 छोटे चम्मच हल्दी
3 कप राई की दाल
1 कप मेथी दाना
2 कप कश्मीरी मिर्च पाउडर
1 कप रेशमपट्टी मिर्च पाउडर
1 बड़ा चम्मच हींग
20-24 काली मिर्चें
$^1/_2$ किलोग्राम मूंगफली का तेल

विधि

1. सबसे पहले हथेलियों पर थोड़ा तेल और नमक लगाएं. अब गुंदा को बीच में से काटकर बीज निकाल दें.
2. केरियों को धोएं और पोंछकर सुखा लें. केरियों के मध्यम आकार के टुकड़े कर लें.
3. एक बड़े बाउल में केरी और गुंदा लें. उसमें एक कप समुद्री नमक और एक छोटा चम्मच हल्दी डालकर अच्छी तरह मिलाएं. ढककर आधे घंटे के लिए अलग रख दें.
4. राई की दाल, मेथी दाने, कश्मीरी मिर्च पाउडर, रेशमपट्टी मिर्च पाउडर, हींग, काली मिर्च, बचे हुए समुद्री नमक और हल्दी को एक साथ मिला लें.
5. आधे मूंगफली तेल को धुआँ उठने तक गरम करें. ठंडा करें और इसे मसालों के मिश्रण में डालें.

6. केरी और गुंदा के मिश्रण में से पानी निकाल दें. केरी और गुंदा को मसालों के मिश्रण में अच्छी तरह मिलाएं. इसे काँच की बरनी में या चीनी मिट्टी के मर्तबान में भरें और अच्छी तरह से ढककर बंद कर दें ताकि उसमें हवा न जाने पाए. इसे चौबीस घंटे के लिए ऐसे ही रहने दें.
7. बचे हुए तेल को धुआँ उठने तक गरम करें. ठंडा करें और अचार में डालें. ढककर कम से कम दस से पंद्रह दिन तक अचार तैयार होने तक ऐसे ही रहने दें. तीन हफ्तों में तेल अचार के ऊपर आ जाएगा और तब अचार खाने के लिए तैयार हो जाएगा.

छुंदा

सामग्री

2 किलोग्राम केरी, छीलकर कद्दूकस की हुई
4 बड़े चम्मच नमक
$1/2$ छोटा चम्मच हल्दी
2 किलोग्राम शक्कर
2-3 बड़े चम्मच लाल मिर्च पाउडर
2 छोटे चम्मच जीरा पाउडर

विधि

1. केरी में नमक और हल्दी डालें. अच्छी तरह मिलाकर स्टेनलेस स्टील या काँच के बर्तन में निकालकर आधे घंटे तक ऐसे ही रहने दें. शक्कर डालकर अच्छी तरह मिलाएं. तैयार मिश्रण को भारी पेंदे वाले बर्तन में निकाल लें. गैस पर रखकर धीमी आंच पर लगातार चलाते हुए तीस से चालीस मिनट तक या पानी पूरी तरह सूखकर मिश्रण एक तार की चाशनी जितना गाढ़ा हो जाने तक पकाएं. उतार लें और ठंडा होने दें.
2. ठंडा होने पर इसमें लाल मिर्च पाउडर और जीरा पाउडर डालकर अच्छी तरह मिलाएं. इसे काँच की हवाबंद बरनी में भरकर सूखी और ठंडी जगह पर रखें.

शेफ का सुझाव

आप छुंदा धूप में भी बना सकते हैं. कद्दूकस की हुई केरियों को काँच की बरनी में रखें. उसमें नमक और हल्दी डालकर अच्छी तरह मिलाएं. शक्कर डालें और बरनी के मुँह पर मलमल का कपड़ा बांध दें. मिश्रण को एक तार की चाशनी जितना गाढ़ा हो जाने तक धूप में ही रखें. लाल मिर्च पाउडर और जीरा पाउडर मिलाकर फिर से एक या दो दिन तक धूप में रखें. उसे दिन में एक बार ज़रूर हिलाएं और रोज सूर्यास्त के बाद से अंदर ले आए.

आंध्र अवक्कई

सामग्री

12 मध्यम आकार की केरी
1 कप राई
2 कप लाल मिर्च पाउडर
$1^{1}/_{2}$ कप नमक
$^{1}/_{4}$ कप हल्दी
$^{1}/_{4}$ छोटा चम्मच हींग
4 बड़े चम्मच मेथी दाना
2 कप तिल का तेल

विधि

1. बढ़िया, कड़क और खट्टी केरियाँ लें. उन्हें धोएं और कपड़े से पोंछकर अच्छी तरह सुखा लें. केरियों को बीच में से काटकर दो टुकड़े कर लें. फिर प्रत्येक आधे टुकड़े के छह से आठ बराबर टुकड़े कर लें.
2. इन्हें कपड़े पर फैलाकर दो दिन तक धूप में सुखाएं. राई को साफ कर धूप में रखें और फिर पीसकर दरदरा पाउडर बना लें.
3. लाल मिर्च पाउडर, नमक, हल्दी, हींग, राई पाउडर, मेथी दाना और तिल के तेल को अच्छी तरह मिलाएं. धूप में सुखाए हुए टुकड़ों में से गुठली निकाल दें और टुकड़ों को इस मिश्रण में मिलाएं.
4. अचार को चीनी के मर्तबान में भरें और मर्तबान के मुँह पर मलमल का कपड़ा रखकर उसे डोरी से बांध दें. इसे तीन दिन तक धूप में रखें. हिलाएं नहीं.

5. चौथे दिन अचार को अच्छी तरह से हिलाएं और फिर से धूप में रख दें. आठ से दस दिन तक यही प्रक्रिया दोहराएं.
6. यदि इसे पानी व नमी से बचाकर रखा जाए तो तो यह अचार साल भर टिकता है.

शेफ का सुझाव

अचार बनाने के लिए उच्च गुणवत्ता वाले सफेद तिल के तेल का ही प्रयोग करें.
अचार में आप $^1/_4$ कप काबुली चने भी डाल सकते हैं.
ताज़ी पिसी लाल मिर्च पाउडर का ही उपयोग करें.

मिर्चींचा ठेचा

सामग्री

8-9 हरी मिर्चें, मोटी कटी हुई
1 बड़ा चम्मच तेल
$^{1}/_{4}$ कप तिल
7-8 लहसुन की कलियाँ, मोटी कटी हुई
$^{1}/_{2}$ कप कद्दूकस किया हुआ नारियल
1 बड़ा चम्मच ताज़ा हरा धनिया, मोटा कटा हुआ
नमक स्वादानुसार

विधि

1. तवे पर तेल गरम करें. उसमें हरी मिर्च, तिल, लहसुन, नारियल और ताज़ा हरा धनिया डालें. तीन से चार मिनट तक भूनें.
2. आंच से उतार कर ठंडा होने के लिए अलग रख दें. नमक डालकर मिलाएं.
3. मिक्सी में या सिलबट्टे पर दरदरा पीस लें.
4. रोटी, परांठे या पूरी के साथ खाएं.

वर्हाडी ठेचा

सामग्री

20-25 सूखी लाल मिर्चें
2 बड़े चम्मच तेल
12-16 लहसुन की कलियाँ, मोटी कटी हुई
1 इंच अदरक, मोटा कटा हुआ
1 बड़ा चम्मच नींबू का रस
4 बड़े चम्मच सिरका
नमक स्वादानुसार
$^1/_2$ छोटा चम्मच शक्कर

विधि

1. पैन में तेल गरम करें. उसमें लहसुन और अदरक डालें.
2. थोड़ी देर चलाते हुए भूनें फिर उसमें सूखी लाल मिर्चें डालें और आधे मिनट तक चलाते रहें.
3. आंच से उतार कर ठंडा होने दें. ठंडा होने पर इसे नींबू के रस, सिरके, नमक और शक्कर के साथ महीन पीस लें.
4. तैयार ठेचे को चटनी की तरह परोसें.

पुदीने की चटनी

सामग्री

3 कप ताज़ा पुदीना, मोटा कटा हुआ
2 कप ताज़ा हरा धनिया, मोटा कटा हुआ
6 हरी मिर्चें, कटी हुई
1 मध्यम आकार का प्याज़, छीलकर मोटा काटा हुआ
3 इंच ताज़ा अदरक, छीलकर मोटा काटा हुआ
2 बड़े चम्मच नींबू का रस
नमक स्वादानुसार
2 बड़े चम्मच अनार दाना पाउडर

विधि

1. पुदीना, हरा धनिया, हरी मिर्च, प्याज़ और अदरक को पीसकर उसका महीन पेस्ट बना लें. आवश्यक हो तो पीसते समय थोड़ा पानी मिलाएं.
2. तैयार पेस्ट में नींबू का रस, नमक और अनार दाना पाउडर डालें.
3. अच्छी तरह मिलएं और परोसें.

दाल तुवयल

सामग्री

1 कप चना दाल, भिगोई हुई
8 बड़े चम्मच तेल
½ छोटा चम्मच राई
6 सूखी लाल मिर्चें
2 बड़े चम्मच धनिया
1 छोटा चम्मच जीरा
15-20 काली मिर्चें
1 मध्यम आकार का प्याज़, कटा हुआ
6 लहसुन की कलियाँ, कटी हुई
½ नींबू जितनी इमली
¼ छोटा चम्मच हींग
नमक स्वादानुसार

विधि

1. एक पैन में तेल गरम करें. उसमें राई डालें. राई के तड़कने पर उसमें लाल मिर्च, धनिया, जीरा और काली मिर्च डालें और दो मिनट तक चलाते हुए भूनें. प्याज़ और लहसुन डालकर मध्यम आंच पर दो से तीन मिनट तक चलाते हुए भूनें.
2. निथारी हुई चना दाल और इमली डालकर तेज आंच पर दो से तीन मिनट तक पकाएं. हींग और नमक डालें.
3. आंच से उतार कर ठंडा होने के लिए रखें. आवश्यकतानुसार पानी मिलाकर इसे दरदरा पीस लें. दाल तुवयल परोसने के लिए तैयार है.

स्वीट चिली चटनी

सामग्री

18-20 कश्मीरी लाल मिर्चें, टुकड़ों में तोड़ी हुई
3 मध्यम आकार के टमाटर, कटे हुए
नमक स्वादानुसार
8-10 लहसुन की कलियाँ, छीलकर बारीक काटी हुई
2 बड़े चम्मच तेल
2 बड़े चम्मच शक्कर
2 बड़े चम्मच शहद

विधि

1. लाल मिर्च, टमाटर, नमक और लहसुन में आधा कप पानी डालकर मिक्सी में चिकना पेस्ट बना लें.
2. एक पैन में तेल गरम करें. उसमें तैयार पेस्ट डालें और कुछ मिनट तक पकाएं. शक्कर डालें और एक उबाल आने दें. दस मिनट तक पकाएं. यदि ऊपर झाग आए तो उसे निकाल दें.
3. शहद डालें और मिलाएं. पैन को आंच से उतार लें.
4. चटनी ठंडी होने पर बोतल में भरकर रखें.

महाराष्ट्रीयन नारियल चटनी

सामग्री

$^{1}/_{2}$ ताज़ा नारियल
$^{1}/_{2}$ कप ताज़ा हरा धनिया, मोटा कटा हुआ
3-4 लहसुन की कलियाँ, मोटी कटी हुई
3 हरी मिर्चें, मोटी कटी हुई
$^{1}/_{2}$ बड़ा चम्मच नींबू का रस
2 छोटे चम्मच शक्कर
नमक स्वादानुसार
3 छोटे चम्मच दही

विधि

1. नारियल को कद्दूकस कर लें या उसके छोटे-छोटे टुकड़े कर लें.
2. दही को छोड़कर बाकी सभी को पीसकर दरदरा पेस्ट बना लें.
3. चटनी में दही मिलाएं. चखकर नमक स्वादानुसार कर लें और तैयार चटनी को स्नेक्स के साथ परोसें.

चटनी

केरी और प्याज़ की चटनी

सामग्री

3 मध्यम आकार की केरी, छीलकर गुठली निकालकर काटी हुई
2 मध्यम आकार के प्याज़, कद्दूकस किये हुए
4-6 हरी मिर्चें, कटी हुई
1 बड़ा चम्मच अनार दाना पाउडर
2 बड़े चम्मच नींबू का रस
$\frac{1}{2}$ छोटा चम्मच काला नमक
नमक स्वादानुसार
$\frac{1}{2}$ छोटा चम्मच शक्कर

विधि

1. केरी, हरी मिर्च, अनार दाना पाउडर, नींबू का रस, काला नमक, नमक और शक्कर को मिक्सी में पीसकर इसका चिकना पेस्ट बनाएं.
2. यदि मिश्रण अधिक गाढ़ा हो तो थोड़ा पानी डालें.
3. कद्दूकस किये हुए प्याज़ को हथेली में लेकर दबाएं ताकि अतिरिक्त पानी निकल जाए. प्याज़ को चटनी में डालकर अच्छी तरह मिलाएं.
4. चटनी परोसने के लिए तैयार है.

खजूर की चटनी

सामग्री

15-20 खजूर
2 छोटे चम्मच जीरा
$^{1}/_{4}$ छोटा चम्मच सौंफ
$^{1}/_{2}$ कप गुड़, कद्दूकस किया हुआ
1 कप इमली का पल्प (नीचे देखें)
2 छोटे चम्मच लाल मिर्च पाउडर
1 छोटा चम्मच सौंठ
1 छोटा चम्मच काला नमक
नमक स्वादानुसार

विधि

1. खजूर धोएं और बीज निकाल कर खजूर के मोटे-मोटे टुकड़े कर लें. जीरे और सौंफ को सूखा भून लें. ठंडा करें और पीसकर पाउडर बना लें. खजूर, गुड़, इमली पल्प, जीरा और सौंफ पाउडर, लाल मिर्च पाउडर, सौंठ, काला नमक और नमक मिला लें और उसमें एक कप पानी डालें.
2. इसे मध्यम आंच पर पकाएं और एक उबाल आने दें. आंच कम करें और छह से आठ मिनट तक पकाते रहें. ठंडा करें और परोसें.

इमली का पल्प

एक कप गरम पानी में 75 ग्राम इमली को 10-15 मिनट तक भिगोएं. पीसकर चिकना पेस्ट बनाएं और छलनी से छान लें ताकि रेशे निकल जाएं. तैयार पल्प को हवाबंद डिब्बे में भरकर फ्रिज में रखें.

अंजीर और खजूर की चटनी

सामग्री

5 अंजीर, कटे हुए
2 कप खजूर, कटे हुए
1 मध्यम आकार का संतरा
2 मध्यम आकार के प्याज़, छीलकर काटे हुए
2 इंच ताज़ा अदरक, छीलकर कद्दूकस किया हुआ
1 छोटा चम्मच कुटी हुई लाल मिर्च
$1\frac{1}{2}$ कप ब्राउन शुगर
$1\frac{1}{4}$ कप सिरका
नमक स्वादानुसार

विधि

1. संतरा छीलें और फाँके अलग कर लें. छिलके की सफेद परत निकाल दें और छिलके को लंबी-पतली पट्टियों में काट लें.
2. एक भारी पेंदे वाले पैन में संतरे की फाँके लें. उसमें अंजीर और खजूर डालें. संतरे के छिलके, प्याज़, अदरक, कुटी हुई लाल मिर्च, ब्राउन शुगर, सिरका और नमक डालें.
3. मिश्रण को उबालें और उबाल आने पर धीमी आंच पर लगभग एक घंटे तक पकाएं जब तक कि मिश्रण गाढ़ा और गुदगुदा न हो जाए.
4. तैयार चटनी को गरम और साफ बोतल में निकालें. गरम रहते ही ढक्कन लगा दें.

च
ट
नी

स्वीट मैंगो चटनी

सामग्री

900 ग्राम अधपके आम (साग), छीलकर
पतली फाँके किये हुए
900 ग्राम शक्कर
4-5 लहसुन की कलियाँ, कटी हुई
$1\frac{1}{2}$ इंच अदरक, कटा हुआ
1 छोटा चम्मच लाल मिर्च पाउडर
1 छोटा चम्मच गरम मसाला पाउडर
2 बड़े चम्मच सिरका
नमक स्वादानुसार

विधि

1. एक पैन में आम की फाँकों को थोड़े से पानी में नरम होने तक पकाएं. इसमें शक्कर डालें और अच्छी तरह से मिला लें.
2. मलमल के एक कपड़े में लहसुन, अदरक, लाल मिर्च पाउडर और गरम मसाला पाउडर बांधकर उसकी एक पोटली बना लें. इसे आम के मिश्रण में डाल दें. मध्यम आंच पर अच्छी तरह हिलाते हुए मिश्रण को एक तार की चाशनी जितना गाढ़ा कर लें.
3. सिरका और नमक डालकर पाँच मिनट तक पकाएं.
4. पोटली निकाल लें. चटनी को ठंडा कर साफ काँच की बोतल में भरकर रखें.

इमली की चटनी

सामग्री

1 कप बीज निकाली हुई इमली
2 बड़े चम्मच किशमिश
$1\frac{1}{4}$ कप गुड़, कद्दूकस किया हुआ
1 इंच दालचीनी
$\frac{1}{2}$ छोटा चम्मच काला नमक
1 छोटा चम्मच लाल मिर्च पाउडर
1 छोटा चम्मच भूने हुए जीरे का पाउडर
$1\frac{1}{2}$ छोटा चम्मच सौंठ
नमक स्वादानुसार

विधि

1. दो कप पानी में इमली भिगोएं. मध्यम आंच पर इमली को दो से तीन मिनट तक पकाएं. इसे आधे घंटे के लिए अलग रख दें फिर छलनी से छानकर इसका पल्प निकाल लें.
2. किशमिश धोएं और पोंछकर सुखा लें. गुड़, दालचीनी और इमली के पल्प को एक पेन में लेकर आधे घंटे तक मध्यम आंच पर पकाएं.
3. उसमें काला नमक, लाल मिर्च पाउडर, जीरा पाउडर, सौंठ और स्वादानुसार नमक मिलाएं. दस मिनट तक पकाएं.
4. किशमिश डालकर और पाँच मिनट तक पकाएं. इसे पूरी तरह ठंडा होने दें और फिर हवाबंद डिब्बे में भरकर रखें.

ताज़े टमाटर और प्याज़ की चटनी

सामग्री

4 मध्यम आकार के टमाटर, कटे हुए
1 मध्यम आकार का प्याज़, छीलकर काटा हुआ
1 हरी मिर्च, कटी हुई
4 बड़े चम्मच ताज़ा हरा धनिया, कटा हुआ
1 बड़ा चम्मच नींबू का रस
$^1/_2$ छोटा चम्मच नमक
1 छोटा चम्मच लाल मिर्च पाउडर
$^1/_2$ छोटा चम्मच भूने हुए जीरे का पाउडर

विधि

1. टमाटर, प्याज़, हरी मिर्च, ताज़ा हरा धनिया, नींबू का रस, नमक, लाल मिर्च पाउडर और जीरे के पाउडर को पीसकर उसकी दरदरा पेस्ट बना लें.
2. तैयार चटनी तुरंत परोसें.

शेफ का सुझाव

यह चटनी ताज़ी ही खाएं.

टमाटर की चटनी 1

सामग्री

7-8 मध्यम आकार के पके हुए टमाटर बारीक कटे हुए
2 बड़े चम्मच शुद्ध घी
$\frac{1}{2}$ छोटा चम्मच जीरा
चुटकी भर हींग
1 हरी मिर्च, कटी हुई
10 कढ़ीपत्ते
$\frac{1}{2}$ छोटा चम्मच लाल मिर्च पाउडर
$\frac{1}{4}$ छोटा चम्मच हल्दी
1 छोटा चम्मच धनिया पाउडर
$\frac{1}{2}$ छोटा चम्मच जीरा पाउडर
$\frac{1}{2}$ छोटा चम्मच गरम मसाला पाउडर
नमक स्वादानुसार
1 छोटा चम्मच शक्कर
2 बड़े चम्मच कटा हुआ ताज़ा हरा धनिया

विधि

1. पैन में घी गरम करें. उसमें जीरा डालें और जब जीरे का रंग बदलने लगे तब उसमें हींग, हरी मिर्च और कढ़ीपत्ते डालकर एक मिनट तक चलाएं.
2. पाव कप पानी में लाल मिर्च पाउडर, हल्दी, धनिया पाउडर, जीरा पाउडर और गरम मसाला पाउडर डालकर मिलाएं और उसे पैन में डालें. दो मिनट तक चलाते रहें.
3. टमाटर, नमक, शक्कर और आधा कप पानी डालें और अच्छी तरह मिलाएं. एक उबाल आने पर आंच कम कर दें और दस से पंद्रह मिनट तक उबलने दें. ताज़े हरे धनिये से सजाएं और गरमा-गरम परोसें.

च
ट
नी

टमाटर की चटनी 2

सामग्री

3 बड़े पके हुए टमाटर
4 बड़ी भावनगरी मिर्चें
2 बड़े चम्मच तेल
1 मध्यम आकार का प्याज़, कटा हुआ
$^1/_2$ छोटा चम्मच लाल मिर्च पाउडर
5-6 काली मिर्चें, कुटी हुई
नमक स्वादानुसार
$^1/_2$ छोटा चम्मच जीरा पाउडर
$^1/_2$ छोटा चम्मच गरम मसाला पाउडर
2 बड़े चम्मच ताज़ा हरा धनिया, बारीक कटा हुआ
1 छोटा चम्मच शक्कर

विधि

1. टमाटर और भावनगरी मिर्च को खुली आंच पर भूनें. उन्हें ठंडे पानी में डालें और फिर छील लें. टमाटर और मिर्च के टुकड़े कर लें. पैन में तेल गरम करें. प्याज़ डालकर नरम होने तक चलाएं. टमाटर डालें और तेज़ आंच पर पकाएं.
2. भावनगरी मिर्च, लाल मिर्च पाउडर, कुटी हुई काली मिर्च, नमक, जीरा पाउडर और गरम मसाला पाउडर डालें. कुछ सेकंड भूनें. ताज़ा हरा धनिया और शक्कर मिलाएं. चार से पाँच मिनट तक पकाएं. तैयार मिश्रण को एक बाउल में निकालें और हैण्ड मिक्सर से दरदरा पीस लें.
3. तुरंत परोसें या ठंडा करके फ्रिज में रख दें.

हरे टमाटर की चटनी

सामग्री

12 छोटे कच्चे टमाटर, कटे हुए
1 मध्यम आकार का सेब
1 इंच दालचीनी
1 बड़ी इलायची
2-3 हरी इलायची
2-3 काली मिर्चें
1 मध्यम आकार का प्याज़, छीलकर काटा हुआ
3-4 लहसुन की कलियाँ
नमक स्वादानुसार
$^{3}/_{4}$ कप साइडर या व्हाइट सिरका
$^{1}/_{2}$ कप शक्कर

विधि

1. सेब को छीलकर, बीज निकाल कर टुकड़े कर लें. एक मलमल के कपड़े में दालचीनी, बड़ी व हरी इलायची और काली मिर्च को बांधकर उसकी पोटली बना लें.
2. भारी पेंदे वाला एक सॉस पैन लेकर उसमें टमाटर, सेब, मसाला पोटली, प्याज़ और लहसुन डालें. नमक, आधा कप सिरका और एक कप पानी डालकर मिश्रण में एक उबाल लाएं. आंच कम करें और बीच-बीच में चलाते हुए बीस मिनट तक उबालें. मसाला पोटली निकाल दें.
3. शक्कर को बचे हुए सिरके में घोलें और पैन में डाल दें. चलाते हुए बीस मिनट तक उबालें. गरम चटनी को जार में निकालें और गरम रहते ही ढक्कन लगाकर रख दें.

मिक्स्ड फ्रूट चटनी

सामग्री

1 बड़ा सेब, कटा हुआ
4 आलूबुखारे, बीज निकालकर काटे हुए
1 आम, छीलकर, गुठली निकालकर काटा हुआ
1 कप खजूर, बीज निकालकर काटा हुआ
4 अनानास की फाँके, $^1/_2$ इंच के टुकड़े किये हुए
$^1/_4$ कप किशमिश
2 इंच अदरक, छीलकर काटा हुआ
$^1/_2$ छोटा चम्मच जीरा
$^1/_2$ छोटा चम्मच धनिया
$^1/_2$ छोटा चम्मच कलौंजी
$^1/_2$ छोटा चम्मच चक्री फूल
1 इंच दालचीनी का टुकड़ा
15-16 बादाम, कतरनें की हुई
$^1/_4$ कप साइडर सिरका
1 कप ब्राउन शुगर/गुड़
1 छोटा चम्मच लाल मिर्च पाउडर
नमक स्वादानुसार

विधि

1. जीरा, धनिया, कलौंजी, चक्री फूल और दालचीनी को एक बड़े माइक्रोवेव सेफ बाउल में लेकर बिना ढक्कन लगाए माइक्रोवेव हाई (HIGH) 100% पर पाँच मिनट तक भूनें. बादाम की कतरन को माइक्रोवेव हाई (HIGH) 100% पर हल्की भूरी होने तक सेंके.

2. बाउल में सेब, आलूबुखारा, आम, खजूर, अनानास, किशमिश, अदरक और सिरका डालें. ढककर माइक्रोवेव हाई (HIGH) 100% पर दो मिनट तक पकाएं.
3. ब्राउन शुगर/गुड़, लाल मिर्च पाउडर और नमक डालें और ढक्कन लगा दें, ढककर बीच-बीच में हिलाते रहें माइक्रोवेव हाई (HIGH) 100% पर बीस मिनट तक पकाएं.
4. चटनी ठंडी होने पर उसे साफ बर्तन में निकालकर फ्रिज में रख दें.

शेफ का सुझाव

यदि पकाते समय चटनी बहुत अधिक गाढ़ी हो जाए तो उसमें थोड़ा अनानास का रस डालें. परंतु यदि बीस मिनट तक पकाने के बाद भी चटनी गाढ़ी नहीं हुई तो बाउल का ढक्कन निकाल कर चटनी को फिर से दो-तीन मिनट तक पकाएं.

तिल की चटनी

सामग्री

100 ग्राम तिल
4 हरी मिर्चें
1 $^1/_2$ बड़े चम्मच इमली का पल्प (पृष्ठ क्र. 42)
नमक स्वादानुसार
3 बड़े चम्मच कटा हुआ ताज़ा हरा धनिया

तड़का

1 छोटा चम्मच तेल
$^1/_2$ छोटा चम्मच धुली उड़द दाल
3 सूखी लाल मिर्चें, हाथ से टुकड़े किए हुए
$^1/_4$ छोटा चम्मच जीरा
$^1/_4$ छोटा चम्मच राई
6 कढ़ीपत्ते

विधि

1. तिल को कड़ाही में थोड़ा भून लें और ठंडा होने के लिए अलग रख दें.
2. तिल ठंडे होने पर उसे हरी मिर्च के साथ पीसकर उसका दरदरा पेस्ट बनाएं.
3. इसमें इमली का पल्प, नमक और ताज़ा हरा धनिया डालकर अच्छी तरह मिलाएं. चटनी को एक बाउल में निकाल लें.
4. एक कड़ाही में तेल गरम करें. इसमें उड़द दाल, लाल मिर्च, जीरा, राई और कढ़ीपत्ते डालें. राई तड़कने पर इस तड़के को चटनी पर डालें. अच्छी तरह मिलाकर परोसें.

बर्न्ट गार्लिक एण्ड मिंट चटनी

सामग्री

20-25 लहसुन की कलियाँ
3 कप पुदीने की ताज़ी पत्तियाँ, हाथों से छोटे-छोटे टुकड़े किये हुए
1 बड़ा चम्मच तेल
$^1/_2$ छोटा चम्मच काला नमक
1 इंच अदरक, मोटा कटा हुआ
2 हरी मिर्चें, मोटी कटी हुई
$1^1/_2$ कप दही, फेंटा हुआ
1 बड़ा चम्मच नींबू का रस
नमक स्वादानुसार

विधि

1. एक पैन में तेल गरम करें. उसमें लहसुन डालकर चलाएं. काला नमक छिड़कें और लहसुन पूरी तरह भूरी होने तक चलाते रहें.
2. पुदीने की ताज़ी पत्तियों को मिक्सी में लेकर उसमें अदरक, हरी मिर्च, भूनी हुई लहसुन और दो बड़े चम्मच पानी डालें और पीसकर महीन पेस्ट बना लें.
3. तैयार पेस्ट को दही में डालें और अच्छी तरह मिलाएं. नींबू का रस और नमक डालकर मिलाएं.
4. इस मिश्रण को मलमल के कपड़े से छान लें. छानते हुए अच्छी तरह से दबाएं और चिकनी चटनी बना लें.
5. तैयार चटनी ठंडी-ठंडी परोसें.

च
ट
नी

अदरक और टमाटर की चटनी

सामग्री

1 इंच अदरक, कटा हुआ
2 बड़े पके हुए लाल टमाटर, कटे हुए
1 छोटा चम्मच तेल
1 छोटा प्याज़, कटा हुआ
$1/2$ बड़ा चम्मच तिल, सेंक कर पाउडर की हुई
$1/2$ बड़ा चम्मच मूंगफली, भूनकर पाउडर की हुई
$1/2$ छोटा चम्मच जीरा, पाउडर की हुई
1 छोटा चम्मच लाल मिर्च पाउडर
$1/2$ बड़ा चम्मच कद्दूकस किया हुआ गुड़
नमक स्वादानुसार

विधि

1. एक पैन में तेल गरम करें. इसमें टमाटर, अदरक और प्याज़ डालें. मध्यम आंच पर मिश्रण भूरा और एक जैसा होने तक पकाएं. इसमें बीस मिनट तक लग सकते हैं. फिर इसे ठंडा होने दें.
2. मिश्रण में तिल पाउडर, मूंगफली पाउडर, जीरा पाउडर, मिर्च पाउडर, गुड़ और नमक मिलाकर पीसें और महीन पेस्ट बना लें.
3. हवाबंद बोतल में रखें और आवश्यकतानुसार इस्तेमाल करें.

अदरक और टमाटर तुवयल

सामग्री

$^1/_2$ इंच अदरक, मोटा कटा हुआ
6 मध्यम आकार के टमाटर, मोटे कटे हुए
6 बड़े चम्मच तेल
1 छोटा चम्मच राई
$^1/_4$ छोटा चम्मच हींग
10 सूखी लाल मिर्चें, बड़े टुकड़ों में तोड़ी हुई
3 छोटे चम्मच धुली उड़द दाल
नमक स्वादानुसार

विधि

1. पैन में तेल गरम करें और उसमें राई और हींग डालें. राई के तड़कने पर इसमें लाल मिर्च और उड़द दाल डालें और हल्का भूरा होने तक चलाते रहें.
2. अब इसमें टमाटर, अदरक और नमक डालें. धीमी आंच पर चलाते हुए टमाटर नरम होने तक पकाते रहें. ठंडा होने के लिए अलग रख दें. ठंडे मिश्रण को थोड़ा दरदरा पीस लें. तुवयल परोसने के लिए तैयार है.

शेफ का सुझाव

आप अपने स्वाद के अनुसार मिर्चों की मात्रा कम या ज्यादा कर सकते हैं.
आप अलग स्वाद के लिए इस तुवयल में लहसुन भी मिला सकते हैं.

लाल मिर्च और लहसुन की चटनी

सामग्री

10 सूखी लाल मिर्चें, बीज निकाली हुई
12 लहसुन की बड़ी कलियाँ, छीलकर काटी हुई
2 छोटे चम्मच नींबू का रस
समुद्री नमक स्वादानुसार
1 छोटा चम्मच जीरा पाउडर

विधि

1. डेढ़ कप पानी में लाल मिर्च को आधे घंटे तक भिगोएं. बाद में निकाल लें.
2. लाल मिर्च को लहसुन और नींबू के रस के साथ पीसकर उसका महीन पेस्ट बना लें. जरूरत हो तो थोड़ा पानी मिलाएं.
3. समुद्री नमक और जीरा पाउडर डालकर अच्छी तरह मिलाएं. चटनी तैयार है.

लहसुन की तीखी चटनी

सामग्री

8 लहसुन की कलियाँ
$^3/_4$ कप नारियल, कद्दूकस किया हुआ
5 पूरी बेडगी लाल मिर्चें, भूनी हुई
नमक स्वादानुसार
$^1/_2$ छोटा चम्मच जीरा
2 बड़े चम्मच इमली का पल्प (पृष्ठ क्र. 42)

विधि

1. लहसुन, नारियल और भूनी हुई लाल मिर्च में थोड़ा सा पानी डालें और इसे पीस लें.
2. इसमें नमक, जीरा और इमली का पल्प मिलाएं और फिर से मिक्सी में पीसकर महीन पेस्ट बना लें.
3. ढककर फ्रिज में रख दें. लेकिन इसे एक या दो दिन में ही खा लें.

आलूबुखारे की चटनी

सामग्री

8-10 मध्यम आकार के पके हुए आलूबुखारे, बीज निकाल कर प्यूरी किये हुए
नमक स्वादानुसार
$^1/_2$ कप गुड़, कद्दूकस किया हुआ
$^1/_2$ छोटा चम्मच सेंधा नमक
1 छोटा चम्मच लाल मिर्च पाउडर
1 छोटा चम्मच भूने हुए जीरे का पाउडर
6-8 खजूर, बीज निकालकर काटे हुए

विधि

1. एक भारी पेंदे वाले पैन में आलूबुखारे की प्यूरी लें और उसमें एक उबाल लाएं. नमक, गुड़, सेंधा नमक और लाल मिर्च पाउडर डालकर अच्छी तरह मिलाएं.
2. आंच कम करें और मध्यम आंच पर मिश्रण गाढ़ा होने तक या दस मिनट तक उबलने दें. जीरा पाउडर डालकर और दो-तीन मिनट तक उबालें.
3. खजूर डालें और अच्छी तरह मिलाएं. पाव कप पानी डालकर लगातार चलाते हुए और दो मिनट तक पकाएं. चटनी आंच से उतार लें और ठंडी होने दें. साफ, हवाबंद काँच के मर्तबान में भरकर रखें.

कीरई चटनी

सामग्री

1 पालक का गुच्छा (250 ग्राम), मोटा कटा हुआ
1 छोटा चम्मच तेल
1 बड़ा चम्मच धुली उड़द दाल
1 बड़ा चम्मच चना दाल
4 सूखी लाल मिर्चें
$^1/_4$ छोटा चम्मच हींग
1 मध्यम आकार का प्याज़, कटा हुआ
1 मध्यम आकार का टमाटर, कटा हुआ
1 हरी मिर्च, कटी हुई
4 बड़े चम्मच कद्दूकस किया हुआ नारियल
1 छोटा चम्मच इमली का पल्प (पृष्ठ क्र. 42)
नमक स्वादानुसार

विधि

1. एक पैन में तेल गरम करें. इसमें उड़द दाल और चना दाल सुनहरी भूरी होने तक भून लें. अब इसमें लाल मिर्च, हींग, प्याज़, टमाटर और हरी मिर्च डालें.
2. पाँच मिनट तक भूनें. पालक, नारियल, इमली का पल्प और नमक डालकर अच्छी तरह मिलाएं. आंच से निकालकर ठंडा होने दें. पीसकर महीन पेस्ट बनाएं और परोसें.

टिप्पणी: तमिल भाषा में पालक और अन्य हरी पत्तेदार सब्ज़ियों को 'कीरई' कहा जाता है.

गोंगुरा चटनी

सामग्री

1 गुच्छा (250 ग्राम) खट्टे साग की पत्तियाँ
3 बड़े चम्मच तेल
10 लहसुन की कलियाँ, कटी हुई
$1^{1}/_{2}$ छोटे चम्मच लाल मिर्च पाउडर
$^{1}/_{2}$ छोटे चम्मच राई
$^{1}/_{2}$ छोटा चम्मच तिल
$^{1}/_{2}$ छोटा चम्मच भूने हुए जीरे का पाउडर
$^{1}/_{2}$ छोटा चम्मच धनिया पाउडर
1 बड़ा चम्मच इमली का पल्प (पृष्ठ क्र. 42)
नमक स्वादानुसार

विधि

1. पैन में दो बड़े चम्मच तेल गरम करें. लहसुन डालकर हल्की भूरी होने तक भूनें. खट्टे साग की पत्तियाँ डालें और दस मिनट तक चलाते हुए भूनें.
2. एक दूसरे पैन में बचा हुआ तेल गरम करें. इसमें लाल मिर्च पाउडर, राई, तिल, जीरा पाउडर और धनिया पाउडर डालकर आधे मिनट चलाएं. अब इसमें इमली का पल्प और भूनी हुई खट्टे साग की पत्तियाँ डालें.
3. आधा कप पानी और नमक डालकर मिश्रण को चटनी की तरह गाढ़ा होने तक पकाएं. ठंडा करें और हवाबंद मर्तबान में भरकर ठंडी जगह पर रखें.

टिप्पणी : खट्टे साग की पत्तियों को तेलगू भाषा में गोंगुरा कहते हैं.

मूंगफली की चटनी

सामग्री

1 कप सेंकी हुई मूंगफली, छिलके निकाली हुई
4 मध्यम आकार के प्याज़, मोटे कटे हुए
8-10 लहसुन की कलियाँ, मोटी कटी हुई
3 बड़े चम्मच तेल
4-5 साबुत लाल मिर्चें
$^{1}/_{2}$ नींबू के जितनी इमली
$^{1}/_{4}$ छोटा चम्मच हींग
नमक स्वादानुसार

विधि

1. पैन में तेल गरम करें. इसमें कटा हुआ प्याज़ और लहसुन डालकर उसे सुनहरा भूरा होने तक या चार से पाँच मिनट तक भूनें.
2. फिर इसमें सेंकी हुई मूंगफली, लाल मिर्च, इमली, हींग और नमक डालें. अच्छी तरह मिलाएं और एक मिनट तक पकाएं. आंच से उतार कर ठंडा होने दें.
3. थोड़ा सा पानी डालकर मिश्रण पीस लें और दरदरी चटनी बनाएं.
4. फ्रिज में रखें.

हरी चटनी

सामग्री

1 कप ताज़ा हरा धनिया, कटा हुआ
$^1/_2$ कप ताज़ा पुदीना, कटा हुआ
2-3 हरी मिर्चें, कटी हुई
काला नमक स्वादानुसार
$^1/_4$ छोटा चम्मच शक्कर
1 छोटा चम्मच नींबू का रस

विधि

1. मिक्सी में हरे धनिये, पुदीने और हरी मिर्च को पीसकर चिकना पेस्ट बना लें. आवश्यक हो तो थोड़ा सा पानी डालें.
2. काला नमक और शक्कर डालकर अच्छी तरह मिलाएं. चटनी एक बाउल में निकालें और उसमें नींबू का रस मिलाएं.

टिप्पणी : चटनी के अलग स्वाद के लिए दो बड़े चम्मच चटनी में एक कप दही मिलाएं.

शेफ का सुझाव

आप नींबू के रस की जगह अनार दाना पाउडर या अमचूर का भी इस्तेमाल कर सकते हैं. आम के मौसम में केरी का भी इस्तेमाल कर सकते हैं.

च
ट
नी

खजूर और इमली की चटनी

सामग्री

15-20 खजूर, गुठली निकालकर मोटे काटे हुए
1 कप इमली का पल्प (पृष्ठ क्र. 42)
2 छोटे चम्मच जीरा
$^{1}/_{4}$ छोटा चम्मच सौंफ
$^{1}/_{2}$ कप कद्दूकस किया हुआ गुड़
2 छोटे चम्मच लाल मिर्च पाउडर
1 छोटा चम्मच सौंठ
1 छोटा चम्मच काला नमक
नमक स्वादानुसार

विधि

1. जीरे और सौंफ को सूखा भून लें. ठंडा करें और पीसकर इसका पाउडर बना लें.
2. खजूर, गुड़, इमली का पल्प, जीरा और सौंफ पाउडर, लाल मिर्च पाउडर, सौंठ, काला नमक, नमक और चार कप पानी को एक साथ मिलाएं.
3. इसे मध्यम आंच पर उबाल आने तक पकाएं. आंच कम करें और आठ से दस मिनट तक उबलने दें. ठंडी होने दें और फिर परोसें.

टेटुलेर चटनी

सामग्री

500 ग्राम इमली
$^1/_2$ कप राई का तेल
1 छोटा चम्मच सेंका हुआ पाँच फोड़ण पाउडर
400 ग्राम गुड़, कद्दूकस किया हुआ
नमक स्वादानुसार
$^1/_2$ छोटा चम्मच काली मिर्च पाउडर
1 छोटा चम्मच भूनी हुई लाल मिर्च पाउडर
1 बड़ा चम्मच किशमिश

विधि

1. आधे कप गरम पानी में इमली भिगोएं, छलनी से छानकर पल्प निकालें और अलग रख दें.
2. पैन में राई का तेल गरम करें. उसमें पाँच फोड़ण पाउडर और इमली का पल्प डालकर कुछ मिनट तक पकाएं. गुड़ डालकर उसके पिघलने तक पकाएं. फिर इसमें नमक, काली मिर्च पाउडर और भूनी हुई लाल मिर्च पाउडर डालें और दो मिनट तक पकाएं.
3. किशमिश से सजाकर चटनी परोसें.

टिप्पणी : 1. राई, जीरा, मेथी दाना, सौंफ और अजवाइन की समान मात्रा से बने मिश्रण को पाँच फोड़ण कहते हैं.
2. बंगाली भाषा में इमली को टेटुलेर कहते हैं.

राई की चटनी

सामग्री

$^1/_2$ कप राई
$1^1/_2$ कप + 4 बड़े चम्मच सिरका
नमक स्वादानुसार
1 बड़ा चम्मच शक्कर
$^1/_4$ छोटा चम्मच हल्दी

विधि

1. राई में चार बड़े चम्मच सिरका डालें और पीसकर चिकना पेस्ट बना लें.
2. पैन में डेढ़ कप सिरका लें. उसमें नमक, शक्कर और हल्दी डालकर एक उबाल लाएं. उसमें राई का पेस्ट मिलाएं और गाढ़ी होने तक या पंद्रह से बीस मिनट तक पकाएं.
3. ठंडा करें और परोसें.

शेफ का सुझाव

बेहतर स्वाद के लिए उसे दो दिन के बाद खाएं.

ब्लैक बीन सॉस

सामग्री

3 बड़े चम्मच ब्लैक बीन, उबले हुए
$^{1}/_{2}$ इंच ताज़ा अदरक, छीलकर मोटे टुकड़े किये हुए
1 लहसुन की कली, छीलकर मोटे टुकड़े की हुई
2 बड़े चम्मच सिरका
1 बड़ा चम्मच सोया सॉस
नमक स्वादानुसार
पेप्पर पाउडर स्वादानुसार
1 छोटा चम्मच शक्कर
$^{3}/_{4}$ कप वेजिटेबल स्टॉक (नीचे देखें)
2 छोटे चम्मच कॉर्नफ्लोर
1 छोटा चम्मच मक्खन

विधि

1. ब्लैक बीन, अदरक, लहसुन, सिरका, सोया सॉस, नमक, पेप्पर पाउडर, शक्कर और आधे वेजिटेबल स्टॉक की मिक्सी में प्यूरी बना लें. मिश्रण को पैन में निकालें और एक उबाल लाएं. आंच कम करें और थोड़ी देर उबलने दें. बचे हुए वेजिटेबल स्टॉक में कॉर्नफ्लोर घोलें और फिर उसे प्यूरी में मिलाएं. लगातार चलाते हुए गाढ़ा होने तक पकाएं. मक्खन पिघलाएं और उसे गाढ़े सॉस में मिलाएं.

वेजिटेबल स्टॉक

1 प्याज़ को छीलकर, धोकर काट लें. एक पैन में प्याज़, $^{1}/_{2}$ मध्यम आकार की गाजर, 2-3 इंच सेलरी डंठल और 2-3 लहसुन की कलियाँ लेकर उसमें 1 तेजपत्ता, 5-6 काली मिर्चें, 2-3 लौंग और 5 कप पानी डालकर एक उबाल लाएं. आंच कम करें और पंद्रह से बीस मिनट तक उबलने दें. छान लें और ठंडा होने दें. इसे फ्रिज में रखें.

क्विक टोमैटो सॉस

सामग्री

6 मध्यम आकार के टमाटर, चार टुकड़े किये हुए
1 छोटी गाजर, 1/4 इंच के चौकोर टुकड़े किये हुए
1 छोटा प्याज़, कटा हुआ
6-8 लहसुन की कलियाँ, मसली हुई
2 बड़े चम्मच तेल
10 तुलसी की ताज़ी पत्तियाँ
1 छोटा चम्मच काली मिर्च पाउडर
नमक स्वादानुसार
1/2 छोटा चम्मच शक्कर

विधि

1. एक माइक्रोवेव सेफ बाउल में तेल लेकर उसे बिना ढके माइक्रोवेव हाई (100%) पर एक मिनट तक गरम करें. अवन में से बाउल निकालें और उसमें गाजर, प्याज़ और लहसुन डालें. ढककर माइक्रोवेव हाई (100%) पर छह मिनट तक पकाएं.
2. अब इसमें कटे हुए टमाटर, तुलसी की ताज़ी पत्तियाँ, काली मिर्च पाउडर, नमक और शक्कर डालें. ढककर माइक्रोवेव हाई (100%) पर छह मिनट तक पकाएं. पकाते समय बीच में एक बार मिश्रण को हिला लें.
3. अवन में से निकालें और इसे ठंडा होने दें. मिश्रण को मिक्सी में पीसकर उसकी प्यूरी बना लें. काँच की बोतल में भरकर रखें.

स्वीट चिली सॉस

सामग्री

18-20 कश्मीरी लाल मिर्चें, बीज निकाली हुई
2 मध्यम आकार के टमाटर, कटे हुए
3-4 लहसुन की कलियाँ, कटी हुई
2 बड़े चम्मच शक्कर
1 बड़ा चम्मच तेल
1 बड़ा चम्मच सोया सॉस
नमक स्वादानुसार

विधि

1. लाल मिर्च, टमाटर और लहसुन को एक साथ पीसकर उसका चिकना पेस्ट बना लें.
2. एक माइक्रोवेव सेफ बाउल में शक्कर और तेल डालें और बिना ढके माइक्रोवेव हाई (100%) पर दो मिनट तक पकाएं.
3. बाउल निकाल कर उसमें पेस्ट, सोया सॉस, नमक और एक कप पानी डालें और अच्छी तरह मिलाएं. बिना ढके माइक्रोवेव मीडियम (70%) पर दो मिनट तक पकाएं.
4. बाउल निकालें और एक बार हिलाएं. बिना ढके और दो मिनट तक पकाएं. निकाल कर ठंडा होने दें और फिर परोसें.

स्वीट एण्ड सॉर सॉस

सामग्री

1 कप टोमैटो केचअप
$^{1}/_{3}$ कप माल्ट विनेगर
2 छोटे चम्मच सोया सॉस
$^{1}/_{4}$ कप शक्कर
काली मिर्च पाउडर स्वादानुसार
नमक स्वादानुसार
2 बड़े चम्मच कॉर्नफ्लोर

विधि

1. एक पैन में दो कप पानी लें और उसमें ऊपर दी गई सारी सामग्री डालकर उन्हें अच्छी तरह मिलाएं.
2. लगातार चलाते हुए मिश्रण में एक उबाल लाएं.
3. आंच कम करें और दो-तीन मिनट तक उबालते रहें.
4. ठंडा करें और बोतल में भरकर रख दें.

शेफ का सुझाव

यदि माल्ट विनेगर उपलब्ध न हो तो आप प्लेन विनेगर (सिरका) का इस्तेमाल कर सकते हैं.

व्हाइट सॉस

सामग्री

$1\frac{1}{2}$ बड़े चम्मच मैदा
2 बड़े चम्मच मक्खन
1 मध्यम आकार का प्याज़
1 तेजपत्ता
2 लौंग
$1\frac{1}{2}$ कप दूध
नमक स्वादानुसार
$\frac{1}{4}$ छोटा चम्मच सफेद मिर्च पाउडर
चुटकी भर कद्दूकस किया हुआ जायफल

विधि

1. भारी पेंदे के एक पैन में डेढ़ बड़े चम्मच मक्खन पिघलाएं.
2. इसमें मैदा डालें और धीमी आंच पर लकड़ी के उल्थे से चलाते हुए सेंके. जब मिश्रण रेती के समान हो जाए तब आंच से उतार कर ठंडा होने दें. प्याज़ छीलें और उसके ऊपर तेज पत्ता लपेटें और दोनों कोनों पर लौंग लगा दें.
3. प्याज़ दूध में डालें और उसमें एक उबाल लाएं. दो-तीन मिनट तक धीमी आंच पर उबलने दें. प्याज़ निकाल लें. उबलता हुआ दूध मक्खन और मैदे के मिश्रण में डालें. लगातार चलाते रहें ताकि गांठें ना पड़ें.
4. दो मिनट तक धीमी आंच पर पकाएं. इसमें नमक, सफेद मिर्च पाउडर और जायफल मिलाएं. बचे हुए मक्खन को पिघलाकर धीरे से सॉस के ऊपर उंडेल दें ताकि सॉस पर मलाई न जमे.

शेज़वान सॉस

सामग्री

10-12 सूखी लाल मिर्चें, डंठल निकाली हुई
$^{1}/_{2}$ कप तेल
10 लहसुन की कलियाँ, बारीक कटी हुई
2 हरी मिर्चें, बारीक कटी हुई
2 हरे प्याज़, बारीक कटे हुए
1 इंच अदरक, कद्दूकस किया हुआ
2-3 इंच सेलरी का डंठल, बारीक कटा हुआ
3 बड़े चम्मच टोमैटो केचअप
नमक स्वादानुसार
2 छोटे चम्मच व्हाइट विनेगर

विधि

1. एक कप पानी में लाल मिर्चों को पाँच से सात मिनट तक उबालें. निकालें और ठंडा होने पर पीसकर चिकनी पेस्ट बना लें.
2. पैन में तेल गरम करें. इसमें लहसुन, हरी मिर्च, हरा प्याज़ और अदरक डालकर एक मिनट तक चलाते रहें. अब इसमें लाल मिर्च पेस्ट डालें और कुछ सेकंड तक चलाएं. सेलरी, टोमैटो केचअप और नमक डालकर अच्छी तरह से मिलाएं.
3. विनेगर डालें और एक मिनट तक उबालें. जब तेल सॉस की ऊपरी सतह पर आ जाए तब पैन आंच से उतार लें. सॉस ठंडा होने दें और फिर बोतल में भरकर रखें.
4. शेज़वान सॉस के ऊपर यदि तेल की परत बनी रहे तो यह सॉस एक महीने तक टिकता है.

पेप्पर चिली सॉस

सामग्री

3 मध्यम आकार की हरी शिमला मिर्च
$^1/_4$ इंच के टुकड़ों में कटी हुई
7-8 काली मिर्चें, ताज़ी कुटी हुई
1 छोटा चम्मच लाल मिर्च पाउडर
6 मध्यम आकार के टमाटर, कटे हुए
1 मध्यम आकार का प्याज़, कटा हुआ
4-5 लौंग
1 इंच दालचीनी
$^1/_2$ कप ब्राउन शुगर
$^1/_4$ कप साइडर विनेगर
1 तेजपत्ता
नमक स्वादानुसार

विधि

1. लौंग और दालचीनी को माइक्रोवेव सेफ प्लेट में लेकर माइक्रोवेव हाई (100%) पर दो मिनट तक सूखा भून लें. पीसकर दरदरा पाउडर बना लें.
2. एक बड़े माइक्रोवेव-सेफ बाउल में टमाटर, प्याज़, ब्राउन शुगर, साइडर विनेगर (यदि उपलब्ध न हो तो कोई भी दूसरा विनेगर इस्तेमाल कर सकते हैं) लौंग-दालचीनी पाउडर, लाल मिर्च पाउडर और तेजपत्ता लें. ढककर माइक्रोवेव हाई (100%) पर पंद्रह मिनट तक पकाएं. बाउल निकाल लें.
3. अब इसमें शिमला मिर्च, नमक और ताज़ी कुटी काली मिर्च डालें. बिना ढके माइक्रोवेव हाई (100%) पर मिश्रण के गाढ़ा होने तक या पन्द्रह मिनट तक पकाएं. तेज़पत्ता निकाल दें और तैयार सॉस को गरम ज़ार में भर लें. इसे फ्रिज में रखें.

स्वीट कोरियण्डर सॉस

सामग्री

$3\frac{1}{2}$ बड़े चम्मच ताज़ा हरा धनिया, बारीक कटा हुआ
1 बड़ा चम्मच कॉर्नफ्लोर
1 छोटा चम्मच तेल
3 लहसुन की कलियाँ, बारीक कटी हुई
नमक स्वादानुसार
$\frac{1}{2}$ छोटा चम्मच काली मिर्च पाउडर
$\frac{1}{3}$ कप शक्कर
2 छोटे चम्मच नींबू का रस

विधि

1. कॉर्नफ्लोर को आधे कप पानी में घोलकर अलग रख दें.
2. पैन में तेल गरम करें; लहसुन डालकर एक मिनट तक भूनें.
3. इसमें एक कप पानी, कटा हुआ ताज़ा हरा धनिया, नमक, काली मिर्च पाउडर, शक्कर और नींबू का रस डालकर अच्छी तरह मिलाएं.
4. तैयार मिश्रण में एक उबाल आने दें, आंच कम करें और इसमें कॉर्नफ्लोर का मिश्रण डालें.
5. सॉस को गाढ़ा होने तक चलाते हुए धीमी आंच पर उबालते रहें. सॉस ठंडा होने पर बोतल में भरकर रखें.

चीज़ एण्ड हर्ब डिप

सामग्री

1 कप चीज़, कद्दूकस किया हुआ
1/4 कप दूध
नमक स्वादानुसार
1/4 छोटा चम्मच सफेद मिर्च पाउडर
1/4 छोटा चम्मच सूखा ऑरेगेनो
1/4 छोटा चम्मच सूखी थाइम

विधि

1. चीज़ और दूध को मिला लें.
2. मिश्रण को डबल बॉयलर में चीज़ पिघलकर मिश्रण चिकना होने तक गरम करें.
3. नमक, सफेद मिर्च पाउडर, सूखा ऑरेगेनो और सूखी थाइम डालें. इसे शीघ्र ही इस्तेमाल करें अन्यथा यह ज़्यादा गाढ़ा हो जाएगा.

टिप्पणी: डबल बॉयलर बनाने के लिए एक बड़े पैन में पानी भरें और उसे आंच पर रखकर गरम होने दें. एक छोटे पैन में सामग्री लें. जब बड़े पैन का पानी उबलने लगे तब उसमें छोटा पैन रखें. धीरे-धीरे चलाते हुए छोटे पैन में रखी सामग्री को पिघलाएं.

बीन्स एण्ड चिली डिप

सामग्री

1 कप लाल राजमा, उबाले हुए
2 हरी मिर्चें, कटी हुई
1 मध्यम आकार का प्याज़, कटा हुआ
1 मध्यम आकार का टमाटर, कटा हुआ
4 लहसुन की कलियाँ, कटी हुई
1 बड़ा चम्मच नींबू का रस
नमक स्वादानुसार
½ छोटा चम्मच लाल मिर्च पाउडर
2 बड़े चम्मच टोमैटो केचअप
1 छोटा चम्मच टबास्को सॉस
2 बड़े चम्मच जैतून का तेल
3-4 काली मिर्चें, कुटी हुई
2 बड़े चम्मच ताज़ा हरा धनिया, कटा हुआ

विधि

1. राजमा को मिक्सी में दरदरा पीस लें और एक बाउल में निकाल लें.
2. इसमें हरी मिर्च, प्याज़, टमाटर, लहसुन, नींबू का रस, नमक, लाल मिर्च पाउडर, टोमैटो केचअप, टबास्को सॉस, जैतून का तेल और काली मिर्च डालें और अच्छी तरह से मिलाएं.
3. ताज़े हरे धनिये से सजाएं और नाचोस, वेफर्स या क्रूडाइट्स (गाजर, मूली, ककड़ी के ताज़े कटे लंबे-पतले टुकड़े) के साथ परोसें.

ऐवकाडो डिप

सामग्री

1 मध्यम आकार का ऐवकाडो
1 छोटा प्याज़, कटा हुआ
$^1/_4$ कप ताज़ा हरा धनिया, कटा हुआ
1 मध्यम आकार की हरी शिमला मिर्च, कटी हुई
नमक स्वादानुसार
4 मध्यम आकार के टमाटर, कटे हुए

विधि

1. ऐवकाडो को बीच में से काटें और गुठली निकाल दें.
2. आधा प्याज़, आधा ताज़ा हरा धनिया, शिमला मिर्च व नमक को मिक्सी में पीसकर उसका चिकना पेस्ट बनाएं.
3. ऐवकाडो का गूदा निकालें और उसे पेस्ट के साथ मिलाएं.
4. टमाटर, बचा हुआ प्याज़ और ताज़ा हरा धनिया डालकर अच्छी तरह मिलाएं और नाचोस, क्रेकर्स या क्रूडाइट्स (गाजर, मूली, ककड़ी के ताज़े कटे पतले-लंबे टुकड़े) के साथ तुरंत परोसें.

साल्सा फ्रेस्का

सामग्री

4 मध्यम आकार के टमाटर
1 मध्यम आकार का प्याज़, बारीक कटा हुआ
2 हेलोपिनो मिर्चें, बारीक कटी हुई
आधे नींबू का रस
2 छोटे चम्मच जैतून का तेल
1 छोटा चम्मच सिरका
1/2 छोटा चम्मच नमक
1/2 छोटा चम्मच सूखा ऑरेगेनो, चूरा हुआ
1/4 कप ताज़ा हरा धनिया, मोटा कटा हुआ

विधि

1. टमाटर का डंठल वाला भाग निकालें. टमाटर के नीचे वाले हिस्से में तिरछे चीरे लगाएं और उसे आधे मिनट तक उबलते पानी में डालें. निकालकर उसे छील लें. टमाटर के बीज निकालकर टमाटर के मोटे टुकड़े कर लें.
2. एक मध्यम आकार के बाउल में टमाटर, प्याज़ और मिर्च मिलाएं.
3. अब इसमें नींबू का रस, जैतून का तेल, सिरका, नमक और ऑरेगेनो डालें.
4. अच्छी तरह मिलाएं और सॉस को दो घंटे तक ऐसे ही रहने दें ताकि सारे स्वाद आपस में अच्छी तरह मिल जाएं.
5. ताज़ा हरा धनिया डालकर मिलाएं, तैयार डिप को अपनी पसंद के स्नेक्स के साथ परोसें.

डि

प्स

मेल्टिंग चीज़ डिप

सामग्री

$1\frac{1}{2}$ कप प्रोसेस्ड चीज़, कद्दूकस किया हुआ

$\frac{1}{2}$ कप दूध

1 बड़ा चम्मच डिब्बाबंद हेलोपिनो, निथारकर काटी हुई

नमक स्वादानुसार

$\frac{1}{2}$ छोटा चम्मच टबास्को सॉस

1 बड़ा चम्मच ताज़ा हरा धनिया, कटा हुआ

विधि

1. डबल बॉयलर (पृष्ठ क्र. 84) में दूध गरम करें. उसमें धीरे-धीरे चीज़ मिलाएं और लगातार चलाते हुए पकाएं ताकि चिकना घोल बन जाए.
2. हेलोपिनो, नमक और टबास्को सॉस डालें और अच्छी तरह मिलाएं.
3. आंच से उतार कर उसमें ताज़ा हरा धनिया मिलाएं. तुरंत परोसें.

पीनट योगर्ट डिप

सामग्री

$^1/_4$ कप मूंगफली, सेंककर दरदरी कुटी हुई
2 कप दही
नमक स्वादानुसार
2 साबुत लाल मिर्चें, कुचली हुई
2 बड़े चम्मच ताज़ा हरा धनिया, बारीक कटा हुआ
$^1/_4$ कप क्रीम

विधि

1. दही को मलमल के कपड़े में बांधकर रात भर लटका दें ताकि अतिरिक्त पानी निकल जाए. इसे यदि फ्रिज में लटकाया तो बेहतर होगा. क्योंकि इससे दही खट्टा नहीं होगा.
2. मिक्सिंग बाउल में पानी निकाला हुआ दही लें; इसे फेंटकर चिकना कर लें.
3. इसमें नमक, कुचली हुई लाल मिर्च, मूंगफली और कटा हुआ ताज़ा हरा धनिया डालें. क्रीम डालें और अच्छी तरह मिल एं. पीनट योगर्ट डिप तैयार है.

थाउज़ण्ड आयलैंड डिप

सामग्री

1 कप मेयोनीज़ (नीचे देखें)
1 पिकल्ड घरकिन, कटी हुई
2 छोटे प्याज़, कटे हुए
2 बड़े चम्मच टोमैटो केचअप
1 छोटा चम्मच टबास्को सॉस
1 बड़ा चम्मच नींबू का रस
नमक स्वादानुसार
3-4 काली मिर्चें, कुटी हुई
2 बड़े चम्मच ताज़ा पार्सली, कटी हुई

विधि

1. घरकिन, छोटे प्याज़ और टोमैटो केचअप को मेयोनीज़ में अच्छी तरह मिलाएं. इसमें टबास्को सॉस, नींबू का रस, नमक और कुटी हुई काली मिर्च डालें. लकड़ी के चम्मच से अच्छी तरह मिलाएं.
2. मसाले चखकर स्वादानुसार कर लें. पार्सली डालें. डिप को एक बाउल में निकालें. ढककर फ्रिज में रख दें. ठंडा होने पर परोसें.

मेयोनीज़

एक साफ बाउल में 1 अंडे की ज़र्दी, नमक, 1/4 छोटा चम्मच सफेद मिर्च पाउडर, राई पाउडर, शक्कर और 1 छोटा चम्मच सिरका लें. इन्हें फेटनी या ब्लेंडर से अच्छी तरह मिलाएं. 1 कप तेल थोड़ा-थोड़ा करते हुए इसमें डालें और फेंटते रहें.

1 छोटा चम्मच नींबू का रस डालें. चखकर मसाले स्वादानुसार कर लें. हवाबंद जार में भरकर फ्रिज में रख दें.

रोस्टेड पेप्पर एण्ड टोमैटो डिप

सामग्री

1 मध्यम आकार की लाल शिमला मिर्च, बीज निकाल कर चार टुकड़े की हुई
5 मध्यम आकार के टमाटर, बीज निकाल कर चार टुकड़े किये हुए
5-6 लहसुन की कलियाँ
नमक स्वादानुसार
2 छोटे चम्मच शक्कर
2 बड़े चम्मच नींबू का रस
पार्सली की ताज़ी पत्तियाँ, सजाने के लिए

विधि

1. अवन को 180°C/350°F/ गैस मार्क 4 पर पहले ही गरम कर लें. बेकिंग ट्रे में लाल शिमला मिर्च, टमाटर और लहसुन रखें. इन पर नमक छिड़कें.
2. इसे अवन में बीस से पच्चीस मिनट तक बेक करें. अवन में से निकाल लें और ठंडा होने दें. शिमला मिर्च, टमाटर और लहसुन छील लें. इन्हें बारीक काट लें.
3. एक नॉन-स्टिक पैन गरम करें. इसमें लहसुन को एक मिनट तक भूनें. शिमला मिर्च और टमाटर डालें और दो मिनट तक पकाएं. नमक और शक्कर डालकर अच्छी तरह मिलाएं.
4. और दो मिनट पकाएं. नींबू का रस डालकर एक बार फिर से मिलाएं. पार्सली की पत्तियों से सजाएं.

पारिभाषिक शब्दावली

1. **ब्लैक बीन** - काले रंग के यह छोटे बीन लेटिन अमेरिकन कुकिंग में इस्तेमाल किये जाते हैं. यह सुपर मार्केट में डिब्बाबंद रूप में मिलते हैं.

2. **ब्राउन शुगर** - यह भूरे रंग की शक्कर होती है. इसका भूरा रंग खाँड की वजह से होता है. यह मुख्य रूप से सामान्य शक्कर में खाँड मिलाकर बनाई जाती है.

3. **सेलरी** - अज़मोद, इसके तने और हरी पत्तियों के अनोखे स्वाद और खुशबू के लिए इसे व्यंजन बनाने में इस्तेमाल किया जाता है.

4. **हेलोपिनो** - यह एक विशेष प्रकार की मिर्ची होती है, जो इसके तीखे स्वाद के लिए जानी जाती है. यह भारत में आसानी से उपलब्ध नहीं है.

5. **माल्ट विनेगर** - यह जौ से बनाया जाता है. पहले जौ से बीयर बनाई जाती है और फिर बीयर से माल्ट विनेगर बनाया जाता है. इसकी जगह आप सामान्य सिरके का भी इस्तेमाल कर सकते हैं.

6. **ऑरेगेनो** - यह छोटी हरी पत्तियों वाली वनस्पति है. यह ताज़ी और सूखी दोनों प्रकार से इस्तेमाल की जाती है. इसकी अनूठी महक के लिए इसे व्यंजन में डाला जाता है.

7. **पार्सली** - पार्सली की हरे धनिये के समान छोटी-छोटी पत्तियाँ होती हैं. इसकी ताज़ी पत्तियों का इस्तेमाल व्यंजन बनाने में किया जाता है. व्यंजन सजाने के लिए भी इसका उपयोग किया जाता है. यह सुपर मार्केट में आसानी से मिलती हैं.

8. **पिकल्ड घरकिन** - छोटी कच्ची कुंदरू को विनेगर या ब्राइन में डालकर रखा जाता है. इसे पिकल्ड घरकिन कहा जाता है.

9. **सोया सॉस** - यह सोयाबीन, नमक, खमीर और शक्कर से बनाया जाता है. इसके दो प्रकार हैं. डार्क सोया सॉस और लाइट सोया सॉस.

10. **टबास्को सॉस** - यह विशिष्ट प्रकार की मिर्ची, विनेगर और नमक को मिलाकर बनाया जाता है. यह लाल रंग का सॉस सुपर मार्केट में मिलता है.

11. **थाइम** - बनाजवाइन, इसकी तुलसी की तरह हरे रंग की छोटी-छोटी पत्तियाँ होती हैं. ये ताज़ी या सुखाकर व्यंजन में डाली जाती हैं. इनकी अनोखी सुगंध और स्वाद के लिए इनका इस्तेमाल व्यंजन में किया जाता है.

12. **व्हाइट विनेगर** - सिरका